Meister der Klaviersonatine

Masters of the Piano Sonatina

A zongora-szonatina mesterei

Herausgegeben von – Edited by – Közreadja

CSURKA Magda

EDITIO MUSICA BUDAPEST

H-1370 Budapest, P.O.B. 322 • Tel.: (361) 236-1100 • Telefax: (361) 236-1101
E-mail: emb@emb.hu • Internet: http://www.emb.hu

Sonatina

Op. 41, No. 1

Johann Baptist Vanhal
(1739—1813)

Andante cantabile

Allegretto

Sonatina
Op. 41, No. 2

Johann Baptist Vanhal
(1739—1813)

Sonatina

Jiři Antonín Benda
(1722—1795)

Sonatina

Jiří Antonín Benda
(1722—1795)

Sonatina

Louis Köhler
(1820—1886)

Allegro moderato

12

Rondo
Allegretto

Sonatina

Thomas Attwood
(1765—1838)

Sonatina
Op. 151, No. 1

Antonio Diabelli
(1781—1858)

Andantino cantabile

Scherzo
Allegro

16

Rondo
Allegretto

Sonatina

John Jones
(1728—1796)

Sicilian
Lento

Tempo di Minuetto

Sonatina

Georg Friedrich Händel
(1685—1759)

Sonatina

Metthew Camidge
(1758—1844)

26

Finale
Presto

Sonatina

James Hook
(1746—1827)

Allegro non troppo

Rondo Pastorale
Andante amabile

Sonatina
Op. 168

Antonio Diabelli
(1781—1858)

Andante cantabile

Sonata

Domenico Cimarosa
(1749—1801)

Sonatina
Op. 34

Johann Anton André
(1775—1842)

Moderato

Rondo
Allegretto

Sonatina

Tobias Haslinger
(1787–1842)

Allegro moderato

43

Z. 14 412

44

RONDO
Allegretto

Sonatina

Op. 36, No. 2.

Muzio Clementi
(1752–1832)

Allegretto

Allegretto

Allegro

Sonata

Hob. XVI·8

Joseph Haydn
(1732–1809)

Menuet

Sonatina

Kinsky: Anh. 5, Nr. 2

Ludwig van Beethoven
(1770–1827)

Allegro assai

54

RONDO
Allegro

Sonatina

Op. 20, No. 1

Friedrich Kuhlau
(1786—1832)

58

Andante (espressivo)

Rondo
Allegro

INHALT - CONTENTS - TARTALOM

Felelős kiadó az EMB Zeneműkiadó Kft. igazgatója
Z. 14 412/2 (11,2 A/5 ív) 2008/73713, AduPrint Nyomda Kft., Budapest
Felelős vezető: Tóth Béláné ügyvezető igazgató
Műszaki szerkesztő: Tihanyi Éva
A sorozatfedelet Lengyel János tervezte